Eva Koch

Die geschlechtsspezifischen Verhältnisse an deutschen Schulen

Die Veränderungen der unterschiedlichen Rollenverteilung von Jungen und Mädchen seit der Einführung der Koedukation

GRIN - Verlag für akademische Texte

Der GRIN Verlag mit Sitz in München und Ravensburg hat sich seit der Gründung im Jahr 1998 auf die Veröffentlichung akademischer Texte spezialisiert.

Die Verlagswebseite http://www.grin.com/ ist für Studenten, Hochschullehrer und andere Akademiker die ideale Plattform, ihre Fachaufsätze und Studien-, Seminar-, Diplom- oder Doktorarbeiten einem breiten Publikum zu präsentieren.

Dokument Nr. V79155 aus dem GRIN Verlagsprogramm

Eva Koch

Die geschlechtsspezifischen Verhältnisse an deutschen Schulen

Die Veränderungen der unterschiedlichen Rollenverteilung von Jungen und Mädchen seit der Einführung der Koedukation

GRIN Verlag

Bibliografische Information Der Deutschen Bibliothek: Die Deutsche Bibliothek verzeichnet diese Publikation in der Deutschen Nationalbibliografie; detaillierte bibliografische Daten sind im Internet über http://dnb.ddb.de/ abrufbar.

1. Auflage 2005
Copyright © 2005 GRIN Verlag
http://www.grin.com/
Druck und Bindung: Books on Demand GmbH, Norderstedt Germany
ISBN 978-3-638-85417-7

Erziehungswissenschaftliches Seminar der Universität Heidelberg
SS 2005

Die geschlechtsspezifischen Verhältnisse an deutschen Schulen

Die Veränderungen der unterschiedlichen Rollenverteilung von Jungen und Mädchen seit der Einführung der Koedukation

Eva Koch
Vorgelegt als Hausarbeit
im Rahmen zur
Einführung in die Erziehungswissenschaft

Universität Heidelberg
Fakultät für Verhaltens- und Empirische Kulturwissenschaften
Erziehungswissenschaftliches Seminar
Erziehungswissenschaft, 1.Semester
Abgabetermin: 30.09.2005

Inhaltsverzeichnis

Inhaltsverzeichnis ... 2

Zusammenfassung ... 3

Die geschlechtsspezifischen Verhältnisse an deutschen Schulen ... 4

1. Die Geschichte der Mädchenerziehung ... 6

   1.1. Der Beginn der Mädchenbildung ... 6

2. Die Geschlechterverhältnisse an deutschen Schulen ... 10

   2.1. Die unterschiedliche Rollenverteilung ... 10

   2.2. Das Interesse der Schüler und Schülerinnen ... 12

   2.3. Der Einfluss der Schule und Lehrer auf die Geschlechter ... 14

   2.4. Der heimliche Lehrplan ... 16

   2.5. Die Darstellung der Geschlechter in Schulbüchern ... 17

   2.6. Lösungsvorschläge ... 17

3. Geschlechterspezifische Schulleistungen ... 21

   3.1. Der Schulerfolg von Jungen und Mädchen ... 21

   3.2. Die PISA-Studie, eine Untersuchung der Schülerkompetenzen ... 23

4 Untersuchungen aus der Praxis ... 26

   4.1. Das Beispiel der Hamburger Gesamtschule Bergedorf ... 26

Fazit ... 28

Literaturverzeichnis ... 29

Zusammenfassung

Die vorliegende Arbeit demonstriert den Beginn der Mädchenbildung und verdeutlicht die geschlechtsspezifischen Veränderungen der Schüler und Schülerinnen seit Einführung der Koedukation.

Die geschlechtsspezifischen Verhältnisse an deutschen Schulen

Seit der Einführung der Mädchenbildung gab es vermehrt Diskussionen über Benachteiligungen der Geschlechter. Auch die preußischen Reformen 1908, die Frauen erstmals den Abitursabschluss ohne jegliche Hindernisse ermöglichte, veranlassten weitere Debatten. Einige Frauenrechtlerinnen beschwerten sich über die differenzierte Zusammenstellung des Lehrplans an Jungen- und Mädchenschulen. Für Frauen standen hauswirtschaftliche Fächer auf dem Lehrplan, wobei man naturwissenschaftliche oder mathematische Bereiche ausschloss. Ganz im Gegenteil zum „männlichen" Lehrplan, bei dem naturwissenschaftliche Fächer als Schwerpunkte angelegt wurden. Dies war einer der Gründe für die Koedukation: Das Recht auf gleichberechtigte Bildung.

Jedoch bemühte man sich Mitte der 60er Jahre nicht um die Förderung der Geschlechter. Im Gegenteil: Die Einführung der Koedukation sollte den Bildungsnotstand beheben.

In dieser Hinsicht war die gemeinsame Unterrichtung der Geschlechter ein voller Erfolg, denn seitdem erreichen mehr Mädchen den Abitursabschluss oder schreiben im Durchschnitt bessere Noren. Der Erfolg der Frauen ist deutlich.

Doch warum gibt es seit den 80er Jahren einen erneuten Streit um die Koedukation? Weswegen beschließen sich die meisten Frauen nach dem Abitur nicht zu einem Hochschulstudium und weshalb interessieren sich die wenigsten Mädchen für eine berufliche Zukunft im naturwissenschaftlichen oder technischen Bereich?

Welche negativen Folgen brachte die Koedukation, die vielleicht kaum beachtet wurden?

Mit dieser Arbeit möchte ich die geschlechtsspezifischen Verhältnisse in der Schule darstellen. Dazu ist es wichtig, einige Hintergründe der Mädchenbildung bis zur Zeit der Koedukationseinführung und der Debatte in den 80er Jahren, zu erläutern. Anschließend gehe ich näher auf die einzelnen Merkmale der Schule ein: Die unterschiedliche Rollenverteilung hängt mit dem Verhalten der Lehrer zusammen. Ebenfalls spielen die Schulbücher, der heimliche Lehrplan und die Gesellschaft dabei eine wichtige Rolle. Diese ganzen Einflüsse wirken sich auf das Denken und die Interessen der Kinder aus.

Im darauffolgenden Kapitel beschreibe ich die Veränderungen und Ursachen der Schulleistungen seit der Einführung der Koedukation. Um dies zu vertiefen gehe ich auf die Ergebnisse der im Jahr 2000 durchgeführten PISA- Studie ein. Abschließend stelle ich kurz einen Praxisversuch vor, der erfolgreich auf die Stärken und Bedürfnisse der Geschlechter eingehen konnte.

1. Die Geschichte der Mädchenerziehung

Die Geschlechterverhältnisse in der Schule haben sich seit der Einführung der Koedukation stark verändert. Der ausschlaggebende Fortschritt in der Emanzipation begann mit den preußischen Reformen im Jahr 1908: Man gewährte den Frauen den Zugang zum Abitur, welcher zwar schon früher möglich, jedoch in vielen Bereichen eingeschränkt war.

1.1. Der Beginn der Mädchenbildung

Die Vorstellung der gemeinsamen Bildung von Jungen und Mädchen reicht bis hin ins 14. Jahrhundert. Damals stellte man die gleiche Bildung für beide Geschlechter in einigen Utopievorstellungen (Morus[1])dar. Jedoch sah die Gesellschaft die Frau nur als eine stärkende Kraft an der Seite des Mannes und der Familie (Schwalb, 2000). Schon früh arbeiteten sich die Töchter in diese Rolle ein und genossen die tatkräftige Unterstützung der Mütter. Diese Situation hielt auch nach der Einführung der allgemeinen Unterrichtspflicht, welche erstmals 1771 in Preußen stattfand, an: 50 Jahre nach der Einführung besuchten weniger als 50 % aller schulpflichtigen Kinder den Unterricht (Kraul[2]). Die Mädchenbildung wurde vernachlässigt, da man davon ausging, dass die Frauen dieses Wissen als Hausfrau nicht benötigen würden. Viele Vertreter der bürgerlichen Frauenbewegung, deren Zentralfigur Helene Lange war, leiteten die Bemühungen um die Gleichberechtigung der Geschlechter. Deshalb sollten Einrichtungen wie privat finanzierte Mädchenschulen, die sich im 19.Jahrhundert entfalteten den Mädchen die Bildung zugänglicher machen. Jedoch klagten die Vertreter der Frauenbewegungen die niedere Bildung dieser Schulform an (Faulstich-Wieland, 1987; Schwalb, S.35). Die Möglichkeit an diesen Schulen das Abitur zu erlangen, wurde ausgeschlossen. Somit verwehrte man den Frauen ein Hochschulstudium[3] (Schönknecht, 1994; Stürzer, 2004; Kreienbaum, 1992). Helene Lange machte es sich zur Lebensaufgabe das Abitur für alle Mädchen durchzusetzen.

---

[1] Thomas Morus aus: Faulstich-Wieland, H. ; *Abschied von der Koedukation*
[2] *Auf dem Weg zur Koedukation*, aus *Koedukation, Erbe und Chancen* (1999)
[3] Mädchen hatten bis dahin nur über viele Umwege die Möglichkeit, das Abitur und damit den Zugang zur Universität, an den Jungenschulen zu machen(Schönknecht).

Einen nächsten Kritikpunkt sahen die BürgerrechtlerInnen in den unterschiedlich angelegten Lehrplänen der Geschlechter (Kraul). Die Mädchenschulen setzten Schwerpunkte in der Hauswirtschaft und der Religion. In naturwissenschaftlichen Fächern förderte man ausschließlich die Schüler an Jungenschulen, denn für die Mädchen galt die Naturwissenschaft als zu kompliziert (Kreienbaum; Kraul). Deshalb forderte man zu Beginn des 20. Jahrhunderts eine gleichwertige Bildung. Der noch vor einem halben Jahrhundert sicher geglaubte Platz der Frau in Familie und Haus schwankte. Man erkannte, dass Bildung ein wichtiger Bestandteil für den Beruf ist und die PädagogInnen konzentrierten sich auf die Heranführung der Frauen an die höheren Schulen (Schwalb). Schließlich ermöglichten die Preußischen Reformen im Jahre 1908 durch die Aufnahme von mathematischen und naturwissenschaftlichen Fächern den Abschluss des Abiturs an Mädchenschulen.

Die Mädchenbildung erlebte in der Weimarer Republik einen Aufschwung. Zwischen 1911 und 1921 stieg die Zahl der Schülerinnen an den höheren Mädchenschulen um 38 % (Schwalb). Indessen sprachen sich zu dieser Zeit viele Sozialisten (Schwalb, S.50; Stürzer, S.173) für die koedukative Erziehung der Geschlechter aus. Man begann mit einigen Umsetzungen an Schulen. Die Koedukation begann sich bis zur Zeit des Nationalsozialismus leicht zu entwickeln. Jedoch sprach die gemeinsame Erziehung der Geschlechter gegen die Ideologie der Nationalsozialisten.

In der Nachkriegszeit entwickelte sich die Schulbildung in vielen Gebieten unterschiedlich. So gab es in der DDR keine Debatten über koedukative Schulen. Dort war die Schule für alle Kinder zugänglich. Auch in einigen Städten wie z.B. in Hamburg und Bremen setzte man diese Form früher ein (Kreienbaum). In der BRD blieb das alte Schulsystem bestehen. So erhielten Jungen vermehrt Unterricht in Mathematik und Werken; Mädchen in Hauswirtschaft und Handarbeit (Stürzer, 2004).

1.2. Die Einführung der Koedukation an deutschen Schulen

Mitte der 60er Jahre brach in der Bundesrepublik Deutschland ein Bildungsnotstand aus, welcher zu erneuten Reformen führte. Aus finanziellen Gründen konnten beide Schulsysteme nicht mehr beibehalten werden (Schönknecht, 1992). Deshalb sprachen sich Pädagogen für die Koedukation aus, mit der Begründung, dass zum einen mehr

Mädchen die Schule mit dem Abitur abschließen könnten. So könnte er Bildungsnotstand gemindert werden. Zum anderen erhielten nun beide Geschlechter die gleiche Bildung und schulischen Schwerpunkte (Kaiser, 2003). Diese Debatte führte schließlich zur Einführung der Koedukation durch die Integration der Mädchen in die Jungenschulen. Die monoedukativen Schulen wurden fast aufgegeben[4].
Jedoch blieb das Curriculum der Jungen erhalten, das der Mädchen fiel komplett weg (Hilgers, 1994).
Durch den gemeinsamen Unterricht sollten die Mädchen ihre Chancen nutzen. Dies gelang ihnen vorbildlich da seit Anfang der 80er Jahre mehr Mädchen das Gymnasium besuchen: Der Anteil stieg von 41,1 % (1960) auf 51,9 % (1991). Dagegen sind die Jungen häufiger auf den Hauptschulen und auf den Sonderschulen vertreten (Schönknecht, Hilgers 1994). Bereits in den Grundschulen sind Mädchen erfolgreicher (Glumpler, 1994). Deshalb sah man die Einführung der Koedukation als Fortschritt an. Jedoch kritisierten einige ForscherInnen in den 80er Jahren in einer erneuten Koedukationsdebatte dieses Schulsystem. Sie forderten die Wiedereinführung der Monoedukation oder zumindest die partielle Trennung in einigen Unterrichtsfächern, wie z.B. Physik oder Chemie (Kaiser, 2003), mit den Argumenten, dass durch die Koedukationseinführung:

- Die unterschiedliche Rollenverteilung weiter verschärft wird. Mädchen werden in ihrer traditionellen Rolle gesehen, was Auswirkungen auf das Selbstbild haben kann. So lässt schließlich die eigene Leistungsfähigkeit nach, das Interesse an naturwissenschaftlichen Fächern sinkt und sie entscheiden sich weiterhin nur für typische Frauenberufe (Schönknecht, 1994),
- Die Mädchen, aufgrund der starken Dominanz der Jungen, weil diese mehr Aufmerksamkeit einfordern, stark vernachlässigt werden (H.W. Roth; Stürzer, 2004; Hurrelmann),
- Die Chancen und Erwartungen der Schüler und Schülerinnen kaum umgesetzt wurden. Des weiteren verstärken sich die Chancenungleichheiten (H.W. Roth; Sommerkorn; Ludwig),

---

[4] Die heutigen monoedukativen Schulen basieren entweder auf einer privaten Basis oder werden von der Kirche finanziert (Hilgers, 1994).

- Die Koinstruktion gefördert wird. Die Schüler und Schülerinnen werden ohne jegliches pädagogisches Konzept unterrichtet, da man in den 60er Jahren nur schnell dem Bildungsnotstand ein Ende setzen wollte. Selbst LehrerInnen sind sich dessen nicht bewusst (Schönknecht; H.W. Roth, Faulstich-Wieland),
- Der „heimliche Lehrplan" Geschlechtsstereotypen verfestigt (Stürzer; Schönknecht).

Die scharfe Kritik der Koedukation an deutschen Schulen führte nicht wieder zur Monoedukation. Man versuchte die Kritikpunkte zu hinterfragen und zu beheben. Schließlich sprach viel für die Beibehaltung der Koedukation. Im anschließenden Kapitel möchte ich nun auf die Kritikpunkte der Koedukationsdebatte eingehen und prüfen, inwieweit sie bestätigt oder falsifiziert werden können.

2. Die Geschlechterverhältnisse an deutschen Schulen

Die unterschiedliche Rollenverteilung der Geschlechter ist biologisch von Geburt an geprägt. In unserer Gesellschaft hat sich jedoch zunehmend eine Vorstellung entwickelt, wie sich Mädchen und Jungen zu verhalten haben. So geht man davon aus, dass zum einen ein Mädchen lieber den Umgang mit Tieren und Puppen statt mit Autos pflegen möchte, oder dass es zum anderen völlig normal ist, wenn sich ein Junge mit anderen Kindern streitet. Verhält sich ein Kind von vornherein nicht seiner Rolle entsprechend, fällt es in unserer Gesellschaft als Sonderling auf (vgl. Tabelle 1). Bereits bei der Einschulung ist diese geschlechtsstereotypische Einstellung vertreten, denn nicht nur die Gesellschaft, sondern auch Eltern und die Schule tragen unbewusst zu diesem Benehmen bei.

Die Vermittlung der Aufgaben und Ziele finden hauptsächlich durch die LehrerInnen statt. Sie erwarten im Gegensatz zu den Eltern, gezieltes Handeln und bereiten die Kinder auf das Berufsleben vor. Kinder erhalten vom Lehrer Lob und Tadel in Form von Noten. Die Notenvergabe läuft meistens nicht immer gerecht ab, was Lehrer ignorieren.

2.1. Die unterschiedliche Rollenverteilung

Die Schule, die Eltern und auch die Gesellschaft verstärken die geschlechtsspezifischen Verhältnisse. Ein Grund dafür ist, dass in der Schule, in der im Durchschnitt mehr Zeit verbracht wird als zu Hause, mehr Kinder einer Altersgruppe aufeinander treffen als in deren Freizeit (Kaiser, 2003; Hilgers; Kaiser, 2001).

Tabelle 1 zeigt einige Verhaltenseigenschaften der Mädchen und Jungen: Mädchen sollen demnach der Mutter helfen, gehorsam und brav sein. Ein Junge dagegen hilft dem Vater, ärgert andere Kinder und ist intelligent. Auch heute noch gelten diese Verhaltensweisen, im verstärktem Maße(Kaiser 2001, Valtin[5]).

---

[5] *Koedukation macht Mädchen brav*, aus: Faulstich-Wieland, H.; Glumpler, E.; Pfister, G.; Valtin, R. (Hrsg.) (1993). *Mädchenstärken: Probleme der Koedukation in der Grundschule.* Frankfurt: Arbeitskreis Grundschule.

Tabelle 1: Verhaltenseigenschaften der Mädchen und Jungen

Verhalten der Mädchen:	Verhalten der Jungen:
>helfen der Mutter	>helfen dem Vater
>passiv	>aktiv
>gehorsam	>dominant
>weich	>beschützend
>abhängig	>verantwortungsvoll
>höflich	>unerzogen
>schlagen sich nicht	>schlagen sich
>romantisch	>gefühlsreduziert
>unlogisch	>logisch
>launisch	>stark
>brav	>intelligent
>duldsam	>techn. veranlagt
>pflegen und sorgen	>sportlich

Quellen: Ottweiler, O. 1990, Spender und Sarah 1980, Stevens und Hershberger, Spiegel 40/1989, S. 232

Benehmen sich SchülerInnen anders als „normal", ist ein Mädchen zum Beispiel unerzogen, eigensinnig, oder interessiert sich für Mathematik und Autos, dann gilt sie wahrscheinlich als „Emanze". Verhält sich ein Junge nicht stark genug, wird er als „Schwuler" (Kaiser, 2001)bezeichnet. Die Folge ist, dass sie von Mitschülern gemieden werden. Auch Jungen und Mädchen ist diese Rollenverteilung bewusst und fällt bereits Kleinkindern auf[6]. Beide Geschlechter identifizieren sich mit der gleichgeschlechtlichen Erziehungsperson. Ein Mädchen weiß demnach, dass es so werden soll wie die Mutter und ein Junge orientiert sich nach dem männlichen Geschlecht (Hoeltje). Diese Erkenntnisse haben Auswirkungen auf ihr Denken, denn sie wissen wie sie sich in bestimmten Situationen zu verhalten haben und was man von ihnen erwarten kann. Beide Geschlechter werden in eine Rolle hineingedrängt. So werden Jungen immer gezwungen sein die Aufmerksamkeit auf sich zu lenken(Kaiser, 2003). Ebenso werden Mädchen nicht selbstbewusster, noch entsteht eine Chancengleichheit in der Schule (Valtin[7]). Die Kinder können ihre eigentlichen Interessen nicht offen darlegen ohne Gefahr zu laufen von anderen gehänselt zu werden.

---

[6]Ein Kleinkind von 18 Monaten kennt bereits den Geschlechtsunterschied, der durch die Eltern auch nonverbal vermittelt wird. Dies geschieht meist unbewusst(Hoeltje- Wider den heimlichen Lehrplan).
[7] *Koedukation macht Mädchen stark, aus* Faulstich-Wieland, H.; Glumpler, E.; Pfister, G.; Valtin, R. (Hrsg.) (1993). *Mädchenstärken: Probleme der Koedukation in der Grundschule.*

Sie setzen sich dadurch zusätzlich unter Druck was schließlich dazu führen kann, dass sie sogar einen Leistungsabfall in Kauf nehmen würden. Becher[8] geht in ihrer Veröffentlichung davon aus das ein weiterer Grund für die Rollenverteilungen die veränderte Lebenseinstellung der Öffentlichkeit sein kann. In der heutigen Gesellschaft gibt es zunehmend die Familie mir nur einem Kind, die Erziehung durch eine alleinerziehende Bezugsperson oder das Leben in nichtehelichen Gemeinschaften. Der Anteil der Kinder bei Ehepaaren sank seit 1996 um 5 %, dagegen stieg er bei den Lebensgemeinschaften 2003 um 2 % auf insgesamt 6 % an. Im Jahr 2003 wuchsen knapp 2,2 Millionen Kinder unter 18 Jahren bei einer alleinerziehenden Person auf[9]. Das betrifft fast jedes siebte Kind (15 %) von insgesamt ca. 14,9 Millionen Minderjährigen. Im Vergleich zu 1996 stieg der Anteil um 3 % an (Statistisches Bundesamt, 2004). Einzelkinder werden von Geburt an selbstbewusster und egoistischer erzogen da die gesamte Aufmerksamkeit der Erziehungsberechtigten auf eine sie fällt. Ein Mädchen mit drei Geschwistern erhält demnach weniger Aufmerksamkeit. Einzelkinder erfahren vielleicht erst im Kindergarten den Umgang mit andersgeschlechtlichen Kindern und genießen das „Allein-Sein". Dementsprechend benötigen Kinder nach Becher weniger Spielpartner, denn die Spielzeugmacher haben ihn durch Puppen, Computer und vieles mehr ersetzt. Durch diese veränderte Kindheit ist das Spektrum der benötigten Hilfe und der Aufgaben im pädagogischen Bereich in der Schule seit den 80er Jahren sehr viel breiter geworden.

2.2. Das Interesse der Schüler und Schülerinnen

Die geschlechtsspezifischen Verhältnisse tragen dazu bei, dass sich die Interessen von Mädchen und Jungen unterscheiden. So verbringen Mädchen ihre Zeit viel lieber mit Reiten, Rad- und Rollschuhfahren (Kaiser, 2003); Jungen dagegen spielen Fußball, was auch bei einer Untersuchung[10] von 60,2 % der Befragten bestätigt worden ist. Die folgende Tabelle beschreibt die unterschiedlichen Beschäftigungen der Mädchen und

---

[8] Becher – *Unterrichtsstörungen von Mädchen und Jungen*, aus *Grundschulreform und Koedukation*.
[9] 2001 lag der Anteil der alleinerziehenden Frauen bei 84 %(Statistisches Bundesamt 2003).
[10] Untersuchung 1998 von Maria Follig-Albers und Andrea Haringer: Befragung von 676 Kindern in 28 Klassen mittels Fragebogen nach den Interessen der Schüler und Schülerinnen. 56 % der Befragten waren 8 und 9 Jahre alt, 43,5 % 10 und 11 Jahre alt. Um Umfrageergebnisse zu festigen fand eine zweite Umfrage mit einem Teil der Schüler neun Monate später erneut statt(aus: Stürzer- Geschlechterverhältnisse in der Schule).

Jungen. Es ist deutlich zu erkennen, dass sich Jungen vielmehr für Computer interessieren im Gegensatz zu den Mädchen, die ausgesprochen gerne lesen(vgl. Tabelle 2).

Tabelle 2:

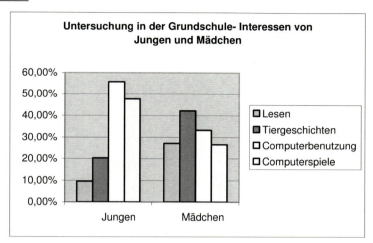

Quelle: eigene Erstellung aus der im Jahre 1998 durchgeführten Untersuchung von Maria Follig-Albers und Andrea Haringer(Stürzer)

Die eigentlichen Interessen der Kinder werden erstens gar nicht hervorgeholt oder zweitens von ihnen selbst unterdrückt. Wenn z.B. Mädchen nie ein technisches Spielzeug geschenkt bekommen, dann ist das Interesse für Autos und ähnliche technische Geräte geringer als bei Jungen. Interessiert sich ein Kind für Dinge, die nicht typisch sind für das Geschlecht, dann kann es leicht von Spielkameraden ausgegrenzt werden. So wird es wohl eher die eigenen Neigungen vernachlässigen. Mädchen beschäftigen sich von Kind an, auch durch die Eltern vermittelt, mehr mit häuslichen Tätigkeiten, Tieren und Pflanzen. Jungen dagegen gehen bei handwerklichen und technischen Aufgaben den Eltern öfter zur Hand.

Die meisten Kinder trennen die schulischen Interessen mit der Freizeit, da in der Schule das speziell angelegte Wissen durch den Lehrplan angegeben ist. In der Freizeit gehen Kinder ihren „eigentlichen" Interessen nach.

Die bevorzugten Unterrichtsfächer der Jungen sind Technik, der naturwissenschaftliche Bereich, Mathe und Sport, bei den Mädchen dagegen Kunst (Sprache/ Literatur) und Biologie (Kreienbaum, Valtin/Hoffmann). Dieses Verhalten kommt zum einen durch die mangelnde Heranführung an die Naturwissenschaft zustande, da man bei Mädchen oft von Technikdistanz oder –angst ausgeht und den Jungen mehr Kompetenzen zutraut (Kreienbaum). Es ist offensichtlich, warum viele Mädchen die Naturwissenschaft lieber vermeiden[11]. Letztlich führt es dazu, dass die Selbsteinschätzung der Mädchen hinsichtlich ihrer Leistung in naturwissenschaftlichen Fächern gering ist. Dies kann die spätere Leistungskurs- und Berufswahl beeinflussen. So entscheiden sich Mädchen seltener für ein Leistungsfach im naturwissenschaftlichen Bereich und die Jungen für sprachliche Fächer (Valtin/ Hoffmann). Die Begeisterung für die nicht geschlechtsspezifischen Fächer ist zu gering (vgl. Tabelle 3). Seit der Einführung der Koedukation veränderte sich die Einstellung der Schüler und Schülerinnen kaum, da sie in ihren schwachen Fächern seltener gefördert werden.

2.3. Der Einfluss der Schule und Lehrer auf die Geschlechter

Eine weitere wichtige Rolle spielen die LehrerInnen, die neben den Eltern und der Gesellschaft einen großen Teil zur Rollenverteilung beitragen. Der Lehrer nimmt an einem Schultag an über 1000 einzelnen Sozialkontakten teil; er kontrolliert den Unterrichtsverlauf: Wann etwas begonnen wird und endet, wann man von der Einzelarbeit zur Gruppenaufgabe übergeht etc. (Zinnecker; Dreeben). Handelt die Klasse dementsprechend geht man davon aus, dass der Lehrer professionell handelt. Jedoch trägt er zur Rollenverteilung bei: Den LehrernInnen ist meist nicht bewusst, welche Auswirkungen sie aufgrund ihrer Reaktionen und Handlungen bei den SchülerInnen erreichen. So stufen die LehrerInnen ihre Schüler, die sie besser mit Namen kennen als ihre Schülerinnen, als laut, interessiert aber faul; die Mädchen als brav und zurückhaltend ein. Diese Einschätzungen wirken sich auf den Unterricht aus: LehrerInnen schenken den Schülern aufgrund ihres lauten und aggressiven Auftretens mehr Aufmerksamkeit (Ottweiler). Nur ein Drittel der gesamten Konzentration geht an

---

[11] Valtin und Hoffmann berichten in ihrem Buch darüber, dass Mädchen in der 5. Klasse schon vor dem eigentlichen Unterrichtsbeginn kein Interesse an den Fächern Physik, Chemie und Geographie zeigen. Jungen dagegen sind in den Fächern Kunst, Fremdsprachen, Biologie und Deutsch weniger erwartungsvoll(Valtin/ Hoffmann- Mädchen stärken und Jungen auch).Von 1985

die Mädchen. Schenken die LehrerInnen den Mädchen mehr Achtung haben alle Beteiligten, sogar die Mädchen, den Eindruck, dass die Jungen vernachlässigt werden. Nehmen Mädchen weniger Aufmerksamkeit in Anspruch schaffen aufgrund ihres stillen Verhaltens ein positives Schulklima das allen das Lernen erleichtert (Schönknecht; Horstkemper, 1991; Nyssen[12]; Faulstich-Wieland).

Folglich steigt das Selbstvertrauen der Jungen an. Mädchen besitzen gleich gute oder bessere Zensuren als Jungen; werden so aber in ihrem Selbstwertgefühl geschwächt und sehen gute Noten als eine Bedingung für ein ausgeprägtes Selbstbewusstsein (Schönknecht). Während in der 5. Klasse das Selbstvertrauen bei den Geschlechtern gleich ist, entwickelt es sich schon im 7. Schuljahr zuungunsten der Mädchen auseinander (Horstkemper, 1991). Des weiteren erhalten SchülerInnen unterschiedliche Rückmeldungen von LehrerInnen. Jungen bekommen den Eindruck, dass sie aufgrund ihres aggressiven Verhaltens getadelt werden, nicht wegen schlechter schulischer Leistungen. Im Gegensatz dazu sind Mädchen der Meinung, dass sie Erfolg dem harten Arbeiten oder der Ordentlichkeit und nicht der Begabung zu verdanken haben. Diese Erfahrungen zeigen sich auch im Berufsleben, wobei Männer ihren Erfolg durch die eigene Leistung und den Misserfolg durch Pech sehen. Frauen verbinden Erfolg aber mit glücklichen Umständen. Die Ursache von Misserfolg suchen sie bei sich selbst.

Ein weiterer Aspekt ist, dass Lehrer generell davon ausgehen Mädchen seien begabter im sprachlichen Bereich oder Unterrichtsfächern wie textilem Gestalten und Musik (Kreienbaum; Kaiser, 2003). Naturwissenschaftlichen Fächer wie Chemie benötigen Schülerinnen, nach Meinung der Lehrer nur zum Kochen und Waschen benötigen (Faulstich-Wieland[13]). Diese Einstellungen vertreten auch Grundschullehrer, obwohl die meisten naturwissenschaftlichen Unterrichtsfächer erst ab der Sekundarstufe 1 unterrichtet werden (Valtin). Dies ist ein weiterer Grund dafür, warum Mädchen sich weniger für naturwissenschaftlichen Fächer interessieren und es nicht als Leistungsfach belegen (vgl. Tabelle 3). Dagegen werden sprachliche Fächer häufiger belegt. Dies steht im Gegensatz zu Schülerinnen an monoedukativen Schulen, da sie sich dort nicht an Rollenunterschiede orientieren.

Viele Nebensächlichkeiten die im Schulalltag zugange sind verfestigen die Rollenverteilungen der Geschlechter. So werden zum Beispiel bestimmte Aufgaben

---

[12] aus: Glumpler (1993) *Koedukation: Entwicklungen und Perspektiven*
[13] aus. Glumpler (1993) *Koedukation: Entwicklungen und Perspektiven*, S.158

neben dem Unterricht dem Geschlecht zugeordnet: Mädchen sind zuständig für die Klassenbuchführung, die Jungen dagegen helfen beim Tragen der Unterrichtshilfsmittel wie Fernsehgeräte oder Overhead-Projektor (Kreienbaum).

Tabelle 3:

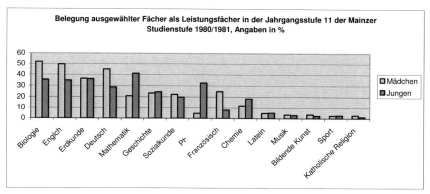

Quelle: Errichtet nach Kernich-Möhringer 1981, aus Hurrelmann *Koedukation, Jungenschule auch für Mädchen?*

Die Schule hat, wie viele Institutionen, zwei Charaktere, denn sie verspricht zum einen Emanzipation, veranlasst die Schüler aber zur Anpassung an die Gesellschaft. Durch den erstellten Lehrplan werden ebenfalls spezielle Rollenverteilungen gefestigt.

2.4. Der heimliche Lehrplan

Seit den 70er Jahren entstand der Begriff „heimlicher Lehrplan" in der Erziehungswissenschaft und wurde vornehmlich in gesellschaftskritischer Absicht verwendet.
Im offiziellen Lehrplan werden die Unterrichtsfächer und Lehrmittel festgehalten, die als Ideale in der Schule gelten (Zinnecker; Jörs / Westphalen). Ebenfalls wird auf die Gleichbehandlung der Kinder geachtet. Der sogenannte heimliche Lehrplan hält an sozialen Verhaltensregeln, Regelungen und Routinen fest. Diesen Grundkurs haben sich SchülerInnen durchaus anzueignen, wenn sie die Schule und den Beruf erfolgreich bestreiten wollen (Zinnecker). Die schwierigen Teile in der Schule, wie z.B. die

Ungleichheiten der Geschlechter, werden praktisch totgeschwiegen, da sie auf den heimlichen Lehrplan bezogen werden (Jörs/Westphalen). Der heimliche Lehrplan und der offizielle Lehrplan stehen nicht im Gegensatz zueinander sonder ergänzen sich um das Leben in der Gesellschaft einfacher zu gestalten. Ihre Gemeinsamkeiten bestehen darin die Ausbildung des Individuums und seine Anpassung an die Gesellschaft zu fördern.

2.5. Die Darstellung der Geschlechter in Schulbüchern

Die Geschlechterdarstellung in Schulbüchern wurde bereits in den 70er Jahren kritisiert. Damals behauptete man, die Figur der Frau in den Schulbüchern entsprach nicht mehr der Realität. Die Familie wurde als eine Hierarchie dargestellt, in der die Frau die ungeschickte und schwache Rolle einnimmt. In Mathebüchern erklären Jungen die Multiplikation während Mädchen Quadrate häkeln (Horstkemper, 1991; Schönknecht). Doch auch die Koedukationsdebatte konnte die Differenzen nicht mindern.

Heute zeigen Schulbücher immernoch Unterschiede auf. Nach mehr als 20 Jahren stellt man Mädchen und Frauen in Schulbüchern weiterhin unterrepräsentiert dar[14]. Des weiteren werden die Frauen hauptsächlich als Mütter präsentiert; wenn sie Berufe ausüben sind es meistens typische Frauenberufe wie Krankenschwester oder Friseurin (Hunze; Schönknecht). Außerdem zeigt man Frauen in ihrer Freizeit: Die Männer fahren Auto; die Frauen verüben Tätigkeiten zunehmend im Haus wie z.B. kochen oder putzen. Ebenfalls stellt man die typische Rollenverteilung dar: Mädchen sind ängstlich, Jungen mutig und aktiv (Hunze).

2.6. Lösungsvorschläge

Die Debatte der 80er Jahre kritisierte die oben angesprochenen Themen stark. Daher forderten viele Pädagogen die Wiedereinführung der Monoedukation. Allerdings muss man ebenfalls die Interessen der Jungen und Mädchen berücksichtigen: Bei einer Untersuchung[15] befragte man Jungen und Mädchen wie sie zur Koedukation stehen. Die überwiegende Mehrheit, insgesamt 69,7 % der Befragten, sprach sich für den

---

[14] Der Anteil der Frauen in Schulbüchern lag bei der Untersuchung von Lindner in den 70er Jahren bei 16 %, Mitte der 80er Jahre bis Anfang der 90er Jahre bei 27 % (Hunze; Brehmer)
[15] Bei der Befragung nahmen insgesamt 1031 Schüler und Schülerinnen der Klassen 3 bis 13 Teil (Faulstich- Wieland).

gemeinsamen Unterricht in der Schule aus: 15,4 % sahen der Koedukation ambivalent gegenüber und 14,8 % waren gegen die Koedukation. Der Grund für den gemeinsamen Unterricht: Das Kennen lernen des anderen Geschlechts. Die Mädchen geben an, dass sie den getrennten Unterricht teilweise genießen da Jungen im Unterricht oft stören, trotzdem sei es ohne sie nach kurzer Zeit langweilig. Auch Jungen geben an, dass der gemeinsame Unterricht angenehmer ist (Kaiser, 2003). Die Gegner der Koedukation waren bei der Befragung hauptsächlich Mädchen, denn 6,4 % von ihnen (und 3,9 % der Jungen) waren für getrennte Schule und 12,8 % (6,0 % der Jungen) für eine teilweise Trennung (Faulstich- Wieland). Bei der Nachfrage der fächerbezogenen Trennung sprachen sich die meisten Mädchen und Jungen für Sport aus(vgl. Tabelle 4). Des weiteren finden Mädchen es für angebrachter in naturwissenschaftlichen Fächern wie Physik, Biologie oder Chemie getrennten Unterricht zu veranstalten. Die Jungen halten diese Trennung für weniger wichtig.

Tabelle 4:

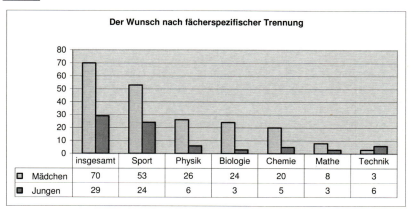

Quelle: eigene Erstellung nach Faulstich-Wieland, aus Glumpler: Koedukation: Entwicklungen und Perspektiven

Ziel ist, dass die Lernwege und Möglichkeiten der Kinder unabhängig vom Geschlecht gesichert werden: Die Unterschiede müssen beseitigt werden und zur Gleichberechtigung führen. Dies ist nur möglich, wenn sich nicht nur die Jungen und Mädchen, sondern auch die LehrerInnen und Eltern in ihrer Verhaltensweise verändern.

Es muss allen bewusst werden, was die unterschiedliche Rollenverteilung im späteren Leben für Folgen hat. Die beiden Autorinnen Hannelore Faulstich-Wieland und Marianne Horstkemper forderten die Einführung der reflexiven Koedukation[16]: Den Mädchen und Jungen die jeweiligen Besonderheiten und Lernerfordernisse bewusst machen, diese reflexiv zu bearbeiten und somit den Unterricht geschlechtergerecht durchführen. Diese Durchsetzung kann die Rollenverteilung an den Schulen verändern. Die Kinder sollen effektiv lernen wodurch das Selbstbewusstsein der Schüler und Schülerinnen gestärkt wird. Dazu gehört das intensive Üben der Dinge, die sie nicht so gut können wie z.B. naturwissenschaftliche Fächer bei den Mädchen oder der sprachliche Bereich bei den Jungen. Mit der reflexiven Koedukation verbindet man ebenfalls die Trennung des Unterrichts für eine begrenzte Zahl von Stunden, was beim Beginn eines neuen Faches oder bei spezifischen Themen von Vorteil ist. Außerdem müssen Jungen und Mädchen unabhängig vom Unterricht in vielfältiger Weise gefördert werden, z.B. durch Arbeitsgemeinschaften in Sport oder Chemie etc. Weitere Bedingungen der reflexiven Koedukation führen dazu dass:

- Schülerinnen durch einen mädchengerechteren Unterricht besser an naturwissenschaftliche Fächer herangeführt werden (Schönknecht; Valtin),
- Das Lernmaterial in Bezug zum Beruf gestellt wird, zum einen durch die Erstellung von Identifikationsmöglichkeiten, für Mädchen zum Beispiel Chemikerinnen; für Jungen Erzieher oder Tierpfleger, die im Unterricht über den Beruf berichten. Zum anderen durch Infotage in der Schule, oder das Besuchen des Arbeitsplatzes eines Tierpflegers etc. (Valtin; Kaiser, 2003),
- Der Lehrplan sollte so gestaltet sein, dass die Interessen der Mädchen vertreten sind (z.B. interessieren sich Mädchen für Naturphänomene, in Physik für Atomlehre oder Akustik, in Chemie für Umweltprobleme und Energie (Jungwirth), was zu einem verbesserten Unterricht führt (Valtin; Schönknecht),
- Die geschlechtspezifische Rollenverteilung in Schulbüchern nicht erweitert wird, denn Jungen, Männer, Mädchen und Frauen müssen gleich behandelt werden.

Des weiteren müssen sich LehrerInnen und Eltern ihrer Rolle bewusster werden, was durch Vorträge und Fortbildungen geschehen könnte.

---

[16] Faulstich-Wieland, H.: *Koedukation heute, Erbe und Chancen,* aus Glumpler: *Koedukation: Entwicklungen und Perspektiven*

Durch den Einsatz der reflexiven Koedukation verbessern die SchülerInnen auch ihre Schulleistungen, die ebenfalls stark von der Rollenverteilung abhängig gemacht werden. In welchem Zusammenhang Schulleistungen mit den geschlechtsspezifischen Verhalten stehen, werde ich im nächsten Kapitel genauer erläutern.

3. Geschlechterspezifische Schulleistungen

Die Schule ist das Bindeglied zwischen der Familie und dem späteren Berufsleben. Sie soll die Kinder im Laufe der Jahre erfolgreich bilden, die Fähigkeiten stärken, ihre Schwächen mindern und auf das Erwachsenenleben vorbereiten. Um dies erfolgreich zu gestalten sind Normen und Regeln einzuhalten: Z.B. müssen Kinder lernen, bestimmte Aufgaben alleine zu erledigen und persönlich Verantwortung tragen (Dreeben). Dazu gehört auch das Konkurrenzdenken (Gudjons)um sein Ziel zu erreichen, was Schule ebenfalls beibringt.

3.1. Der Schulerfolg von Jungen und Mädchen

Seit der Einführung der Koedukation verbesserte sich die Schulbildung der Mädchen stetig: 1960 betrug der Mädchenanteil an Gymnasien 39,8%. Die Quote stieg bis 2000 auf 54,4 % (Statistisches Bundesamt, 2001). Auch in den Realschulen sind Frauen öfter vertreten. Der Anteil der Schülerinnen in der Realschule lag 2002 bei 54,5 % und ist im Verhältnis zu den 80er Jahren gleich geblieben (Kaiser). Die Jungen besuchen häufiger die Haupt- und Sonderschule[17]. Ebenso haben die Mädchen bei den Schulabschlüssen die Nase vorn: 1990 schlossen 53,3 % der Frauen im Gegensatz zu 35,6 % im Jahr 1960 mit dem Abitur[18] ab (Statistisches Bundesamt 2001; Faulstich- Wieland, 1993). An Hochschulen haben sich Frauen seit 1980 ebenfalls etabliert: Vom Wintersemester 1980/81 in den alten Bundesländern bis zum Wintersemester 2000/2001 erhöhte sich der Anteil der Studentinnen an allen Studierenden von 36,7 % auf 45,9 %. Ebenfalls stieg der Anteil der gesamten Studienanfängerinnen auf 48,9 % (1980/81 bei 40,4 %). Mädchen erzielen Fortschritte mit besseren Noten. Außerdem werden sie früher eingeschult und bleiben seltener sitzen.

---

[17]Der Anteil der Jungen an einer Hauptschule lag 2002 bei 56,3 %, an der Sonderschule bei 63,6 % (Statistisches Bundesamt).
[18]Die Prozentzahl bezieht sich auf die gesamten Absolventen der Hoch- und der Fachhochschule im Jahr 1999.

Der Anteil der Wiederholer der Jungen lag im Schuljahr 2003/2004 bei 3,4 % gegenüber 2,5 % der Mädchen(Statistisches Bundesamt 2004[19]).

Es scheint, dass die Jungen Schwierigkeiten haben, was zu einer Ungleichbehandlung ihrerseits (Kaiser, 2001; Zinnecker)führt: Bereits in der Grundschule sind Mädchen im sprachlichen Bereich leistungsstärker und haben im mathematischen Bereich zugelegt (Ludwig). Dennoch sind die Jungen weiterhin Spitzenreiter. Die Mädchen nutzen seltener ihre Fähigkeiten, da die meisten im beruflichen Bereich weiterhin typische Frauenberufe ansteuern. Sie verdienen weniger Gehalt und haben geringere Beförderungsmöglichkeiten. Das Statistische Bundesamt belegte (vgl. Tabelle 5), dass im Jahr 2002 Frauen mit 2517 Euro im Durchschnitt 30 % weniger verdienten als Männer (3589 Euro). Das hängt zum großen Teil mit den Ausübungen zusammen, da Frauen vor allem in Führungspositionen unterrepräsentiert sind (Stürzer, 2003; Hilgers; Statistisches Bundesamt 2003). Wie in der Tabelle zu erkennen ist, ist die Anzahl der selbstständigen Frauen (27,8 %, 2001), der weiblichen Abgeordneten (32,2 %, 15. Legislaturperiode) oder der Ärztinnen (34,0 %, 2001) deutlich niedriger.

Tabelle 5: Der Anteil der Männer und Frauen in verschiedenen Bereichen

Thema	Merkmal	Einheit	Jahr	Frauen	Männer
Erwerbstätigkeit	Erwerbsquote [1]	%	April 2001	64,9	80,1
	Arbeitslosenquote [2]	%	Dez. 2002	10,5	11,9
	Teilzeitquote [3]	%	2001	39,6	5,2
	Selbständige	%	April 2001	27,8	72,2
Wahlen	Abgeordnete im Bundestag	%	15. Legislaturperiode	32,2	67,8
Bildung	Studienanfänger-/innen	%	2001	49,4	50,6
	Hochschulabsolventen und -absolventinnen	%	2001	46,0	54,0
	Professoren/Professorinnen	%	2001	11,2	88,8
Gesundheitswesen	Hauptamtliche Ärzte/Ärztinnen	%	2001	34,0	66,0
	Altenpfleger	%	2000	86,8	13,2
Löhne und Gehälter	Bruttomonatsverdienste [4]	EUR	2002	2 517	3 589

[1] Erwerbsquoten der 15 bis unter 65-jährigen
[2] Arbeitslosenquote in % bezogen auf abhängig zivile Erwerbspersonen
[3] In % der abhängig erwerbstätigen Frauen bzw. Männer
[4] Angestellte in Deutschland im Produzierenden Gewerbe, Handel, Kredit- und Versicherungsgewerbe
Quelle: Statistisches Bundesamt 2003

---

[19] Rund 252 600 von ungefähr 8,6 Millionen Schüler und Schülerinnen wiederholten eine Klassenstufe. Das spricht für Wiederholerquote von 2,9%. Bei den Jungen entsprachen das etwa 145 300 Wiederholer, bei den Mädchen ungefähr 107 300(Statistisches Bundesamt, 2004).

3.2. Die PISA-Studie, eine Untersuchung der Schülerkompetenzen

Die geschlechtsspezifischen Leistungen zwischen deutschen Schülern und Schülerinnen sind eindeutig, doch wie schneiden sie im internationalen Vergleich ab? Die PISA Studie[20] veranstaltete 2000 erstmals eine Untersuchung der Schülerleistungen. Deutschland schloss im internationalen Vergleich relativ schlecht ab, was die Bevölkerung sehr überraschte.

Im Bereich der Lesekompetenz zeigten sich die Deutschen weit unter dem OECD-Durchschnitt, wobei fast 10 % der Beteiligten die 1. von insgesamt 5 Kompetentstufen nicht erreichten. Zwei Drittel davon waren Jungen, ein Drittel besuchten die Sonderschule, 50 % die Hauptschule und 16 % die Gesamt-, Berufs- oder Realschule.

Im Bereich der Mathematik waren Länder wie Japan, Finnland, Schweiz sowie alle europäischen Länder, im oberen Mittelfeld vertreten; außer die BRD und Luxemburg. Deutschlang lag im unteren Mittelfeld; deutlich unter dem OECD-Durchschnitt. Das Ergebnis der naturwissenschaftlichen Kompetenzen der deutschen Schüler und Schülerinnen ähnelt dem der Mathematik, denn Deutschland schnitt erneut schlecht ab. Es lag, neben Lichtenstein, hinter allen mittel- und westeuropäischen Ländern. Die Ergebnisse dieser Studie zeigen, dass vor allem im unteren Leistungsbereich eine dringende Förderung eingesetzt werden muss.

Abbildung 1:
Beispielaufgabe aus dem Bereich Mathematik:
BAUERNHÄUSER
Links siehst du ein Foto eines Bauernhauses mit pyramidenförmigem Dach. Rechts siehst du das mathematische Modell mit den entsprechenden Maßen, das eine Schülerin vom **Dach** des Bauernhauses gezeichnet hat. Der Boden des Dachgeschosses, in der Zeichnung ABCD, ist ein Quadrat. Die Balken, die das Dach stützen, sind die Kanten eines Quaders (rechtwinkliges Prisma) EFGHKLMN. E ist die Mitte von AT, F ist die Mitte von BT, G ist die Mitte von CT und H ist die Mitte von DT. Jede Kante der Pyramide in der Zeichnung misst 12m.

---

[20] PISA 2000- Programme for International Student Assessment, eine Studie, die die Leistungen der 15 jährigen Schüler und Schülerinnen nicht anhand von Noten bewertet, sondern an ihren Kompetenzen im Bereich Lesen, Mathematik und Naturwissenschaft. Insgesamt nahmen 180.000 Jungen und Mädchen aus 32 Staaten an diesem Projekt teil. Aus Deutschland beteiligten sich 5000 Schüler aus insgesamt 219 Schulen.

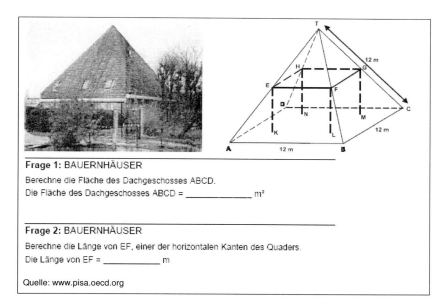

Frage 1: BAUERNHÄUSER

Berechne die Fläche des Dachgeschosses ABCD.

Die Fläche des Dachgeschosses ABCD = _____ m²

Frage 2: BAUERNHÄUSER

Berechne die Länge von EF, einer der horizontalen Kanten des Quaders.

Die Länge von EF = _____ m

Quelle: www.pisa.oecd.org

Die PISA Studie zeigte das die Förderung der Schüler und Schülerinnen unterschiedlich angelegt ist, da Gymnasiasten z.b. eine viel größere Unterstützung als Hauptschüler erhalten. So wird die Streuung der unterschiedlichen Leistungsbereiche weiter verstärkt. Die geschlechtsspezifischen Leistungsunterschiede teilen sich in der Hinsicht so auf, dass der Lesebereich in allen Ländern mit einer deutlich höheren Differenz zugunsten der Mädchen ausgefallen ist. Die Jungen sind im mathematischen Bereich wesentlich erfolgreicher. Dennoch ist die Differenz zu den Mädchen in den Ländern Finnland, Lettland und Polen gering. In Island, Neuseeland und der Russischen Föderation sind die Mädchen an der Spitze. Die Kompetenzen in der Naturwissenschaft sind relativ ausgeglichen, da in jeweils nur 3 Länder die Mädchen (Lettland, Neuseeland und Russische Föderation) oder Jungen (Dänemark, Österreich und Korea) besser abschneiden. Die Ergebnisse von Deutschland geben an, dass die Jungen in Mathematik besser abgeschnitten haben. Ihre Leistungsschwerpunkte lagen vor allem beim rechnerischen Modellieren, sowie bei der Lösung einer Aufgabe mit mehreren Lösungsmöglichkeiten. Mädchen zeigten dagegen mehr Leistung bei technischen Aufgaben. In den Naturwissenschaften gibt es keine großen Leistungsunterschiede zwischen den Geschlechtern, jedoch schneiden die Jungen unter anderem bei Aufgaben

mit Erinnerung an Fakten besser ab. Bei Tabellen-, Grafikauswertungen oder Ausdrücken von naturwissenschaftlichen Schlussfolgerungen besitzen die Jungen in den Naturwissenschaften nur einen geringen Vorsprung. Die Mädchen sind im Bereich Leseverständnis stärker als die Jungen. Ihre Stärken liegen vor allem bei Textverarbeitung, Erzählungen, Argumentationen, Bewerten und textbezogenen Interpretieren. Bei der Bearbeitung von Tabellen und Grafiken war der Vorsprung zu den Jungen nicht so gravierend. Bei den Auswertungen war das Problem, das einige Länder speziell die Jungen fördern, zum Beispiel im Bereich des Lesens, da dort schon einige Schwächen bei den Jungen herrschen. Jedoch werden damit wiederum die Stärken der Mädchen gemindert (Stürzer, 2003).

Die Ursachen für die unterschiedlichen Leistungen bei Mädchen und Jungen liegen darin, dass die Schwerpunkte bei den Mädchen werden ganz klar im Bereich der Hauswirtschaft gesehen werden. Der naturwissenschaftliche und mathematische Bereich wird fast außer Acht gelassen, so gelangen Mädchen auch weniger in Kontakt mit technischen Dingen. Deshalb ist das Interesse der Mädchen an naturwissenschaftlichen Fächern geringer und sie schneiden in dem Test weniger gut ab als die Jungen.

Die Lesekompetenz der Mädchen lässt sich darauf zurückführen, dass sie außerhalb der Schule viel mehr Lesen als die Jungen, was die PISA Studie auch zum Vorschein brachte (Stürzer, 2003). Die PISA Studie belegt einige Folgen der Koedukation und gibt Anstöße zur Verbesserung. Im folgenden Kapitel gehe ich auf einen Praxisbericht, der versucht die Koedukation in Schulen möglich zu machen, ein.

4 Untersuchungen aus der Praxis

Diese von mir angesprochenen Probleme der Koedukation veranlassten Schulen zu Änderungsversuchen. Die Ziele dieser Praxisversuche bestanden zum Hauptteil darin die Geschlechter zu unterstützen und zu fördern. Dazu gehört auch, dass die Gesellschaft die Einstellung bezüglich der geschlechterspezifischen Rollenverteilung nicht weiter verstärkt.

4.1. Das Beispiel der Hamburger Gesamtschule Bergedorf

Der Schulversuch begann in den 80er Jahren und läuft seit über 15 Jahren[21]. Einige Lehrerinnen kritisierten den starken Raumanspruch der Lehrer und Schüler bei Konferenzen bzw. im Unterricht. Das damalige Ziel beruhte sich auf die Ermutigung der Mädchen, damit diese ihre Fähigkeiten nutzen und das Selbstbewusstsein stärken. Somit wurde z.b. die gerechte Verteilung der Redezeiten bei Konferenzen gefordert. Dieses Engagement stieß anfangs bei einigen Lehrern und Eltern auf Kritik. Im Umgang mit diesen Angriffen entwickelten die Pädagoginnen zwei Lösungen: Zum einen stellten sie eine große Schulöffentlichkeit her, sodass meist das gesamte Kollegium über Protokolle und Mitteilungen informiert worden ist. Zum anderen bemühte man sich um eine gegenseitige Gleichberechtigung. Die Lehrerinnen machten durch Weiterbildungs- bzw. Fortbildungswochenenden und Projekten wie „Geschlechterverhältnisse" oder „Reflexiven Koedukation" den Lehrern und Eltern aufmerksam, dass die Mädchen benachteiligt werden. So gaben sich die Lehrkräfte gegenseitig Anregung zur Verbesserung der Situation. Es wurde veranlasst, dass:

- das Kollegium stärker zusammen arbeitet und sich gegenseitig zu helfen versucht,
- die Leistungen der Mädchen von Lehrern deutlich anerkannt werden um das Selbstwertgefühl zu kräftigen,
- die Lehrer nicht immer auf die Reaktionen der Jungen eingehen und sich zunehmend ruhig verhalten,

---

[21] Malz-Teske, R. & Kansteiner-Schänzlin, K. (2004). *Schulprofil: geschlechtergerechte Schule. Das Beispiel einer Hamburger Gesamtschule.* In: Pädagogische Führung, 2,81-85.

- der Frontalunterricht, der die ungleiche Verteilung der Aufmerksamkeit verstärkt, durch Gruppenarbeit, Projektarbeit oder andere Formen ergänzt wird,
- die Mädchen im technischen, mathematischen und naturwissenschaftlichen Bereich bzw. die Jungen in sprachlichen Gebieten gefördert werden
- die Trennung der Geschlechter nach Bedarf angewendet wird um so die Kompetenzen der Geschlechter zu stärken

Schließlich beteiligten sich nach und nach mehr Personen an dieser Arbeit. Dadurch konnten weitere Kursangebote durchgeführt werden, wie z.b. spezielle Mädchen- und Jungensportkurse bei denen die Geschlechter sich gegenseitig unterrichten (die Mädchen bringen den Jungen das Tanzen bei etc.). Durch Projektwochen zur Berufsorientierung veranlasste man die Begeisterung der Mädchen für naturwissenschaftliche oder auch technische Berufe. Der geschlechtergetrennte Unterricht findet derzeit nur in Sport regelmäßig statt, wobei die SchülerInnen zwischen mono- und koedukativen Sportgruppen wählen können.

Regina Malz - Teske und Katja Kansteiner – Schänzlin berichten von der erfolgreichen Einfuhr der Mädchen- bzw. Jungentage:

Die Mädchentage fanden von 1991-2000 jährlich statt mit Angeboten ausschließlich für Mädchen. Dabei sprach man aktuelle Themen wie z.b. „Schwanger, was nun?" oder „Ich und mein Körper" an. Mittels Phantasiereisen, Massage, Schminken, Klettern und vielen weiteren Programmen fand diese Methode der Mädchenstärkung sehr großen Zuspruch. Die Jungenarbeit ist genauso wichtig wie die Mädchenarbeit. Man erkannte die Wichtigkeit der Förderung von beiden Geschlechtern. Deshalb führte man 1997 den ersten Jungentag ein mit Kanu fahren, Männertanz, Einstieg ins Internet, Skaten und vielem mehr, der ebenfalls einen großen Erfolg verzeichnete.

Die beiden Autorinnen erwähnen die zusätzliche Arbeit und das stetige Bemühen um eine reflexive Koedukation. Jedoch ist der Erfolg dieser Untersuchung deutlich sichtbar geworden. Des weiteren verbesserte sich die Situation im Kollegium und die Arbeit wurde im offiziellen Schulgeschehen anerkannt, was einen zusätzlich unterstützt. Man motivierte sich gegenseitig wodurch diese Arbeit gerne weitergeführt wird.

Fazit

Die Schwierigkeiten der Koedukation waren bereits vor dessen Einführung heftig diskutiert worden. Jedoch war die monoedukative Unterrichtung der SchülerInnen ebenfalls keine Lösung, da die das weibliche Geschlecht zunehmend benachteiligte. Mit meinem aufgeführten Praxisbeispiel möchte ich meinen Standpunkt vertiefen, dass die Zusammenarbeit von Jungen und Mädchen positiv ausfallen kann. Auch bei dem BLK – Modellversuch „MINT" (mehr Mädchen in Naturwissenschaft und Technik) von Renate Valtin (S.121) wurde deutlich, dass beide Geschlechter gleich stark sind. Wir sind im 21. Jahrhundert schon so weit, dass beide Geschlechter gleichberechtigt sein dürfen. Der Weg der Koedukation ist der Weg in die richtige Richtung.

Literaturverzeichnis

1. Büttner, C.; Dittmann, M. (1993). *Brave Mädchen, böse Buben? Erziehung zur Geschlechteridentität im Kindergarten und Grundschule.* Weinheim; Basel: Beltz.
2. Dreeben, R. (1980). *Was wir in der Schule lernen.* Frankfurt: Suhrkamp.
3. Faulstich-Wieland, H. (Hrsg.) (1987). *Abschied von der Koedukation?* Frankfurt: Fachbereich Sozialarbeit [u.a.]
4. Faulstich-Wieland, H.; Glumpler, E.; Pfister, G.; Valtin, R. (Hrsg.) (1993). *Mädchenstärken: Probleme der Koedukation in der Grundschule.* Frankfurt: Arbeitskreis Grundschule.
5. Faulstich-Wieland, H. & Horstkemper, M. (1995). *Trennt und bitte, bitte nicht! Koedukation aus Mädchen und Jungensicht.* Opladen: Leske & Budrich.
6. Glumpler, E. (Hrsg.) (1994). *Koedukation: Entwicklungen und Perspektiven.* Bad- Heilbrunn: Klinkhardt.
7. Gudjons, H. (1993). *Pädagogisches Grundwissen. Überblick – Kompendium – Studienbuch.* Bad Heilbrunn: Verlag Julius Klinkhardt.
8. Hempel, M. (Hrsg.). (1996). *Grundschulreform und Koedukation. Beiträge zum Zusammenhang von Grundschulforschung, Frauenforschung und Geschlechtersozialisation.* Weinheim und München: Juventa Verlag.
9. Hilgers, A. (1994). *Geschlechterstereotype und Unterricht. Zur Verbesserung der Chancengleichheit von Mädchen und Jungen in der Schule.* Weinheim; München: Juventa Verlag.
10. Hoeltje, B.; Liebsch, K.; Sommerkorn, I.N. (Hrsg.) (1996). *Wider den heimlichen Lehrplan. Bausteine und Methoden einer reflektierten Koedukation.* Bielefeld: Kleine Verlag
11. Horstkemper, M. & Winterhager, L.W. (1991). *Mädchen und Jungen- Männer und Frauen in der Schule.* In: Die Deutsche Schule,990.
12. Horstkemper, M. (1987). *Schule, Geschlecht und Selbstvertrauen. Eine Längsschnittstudie über Mädchensozialisation in der Schule.* Weinheim und München: Juventa Verlag
13. Horstkemper, M.& Kraul, M. (Hrsg.) (1999). *Koedukation. Erbe und Chancen.* Weinheim: Beltz.

14. Hurrelmann, K.; Naundorf, G.; Rodax, K., Wildt, C., Spitz, N. & Rabe-Kleberg, U. (1986). *Koedukation, Jungenschule auch für Mädchen?* Opladen: Leske Verlag
15. Jensen, G.B. (1990). *Der heimliche Lehrplan – Seine Bedeutung für Schule und Unterricht.* In: Lehrer Journal. Hauptschulmagazin, 3,55-59.
16. Jörs, M.& Westphalen, K. (1990). *Grauzone der Erziehung: Der „heimliche" Lehrplan.* In: Lehrer Journal. Hauptschulmagazin,3, 5-8.
17. Kaiser, A. (2001). *Praxisbuch, Mädchen- und Jungenstunden.* Baltmannsweiler: Schneider Verlag, Hohengehren.
18. Kaiser, A. & MitarbeiterInnen. (2003). *Projekt geschlechtergerechte Grundschule. Erfahrungsbericht aus der Praxis.* Opladen: Leske & Budrich.
19. Köhler, K.& Burmeister, H. (1982). *„Heimlicher Lehrplan" – etwas ganz Neues?* In: Gewerkschaftliche Bildungspolitik, 9,243-250.
20. Kreienbaum, M.A. (1992). *Erfahrungsfeld Schule: Koedukation als Kristallisationspunkt.* Weinheim; München: Deutscher Studien Verlag.
21. Lassnigg, L; Paseka, A. (1997). *Schule weiblich - Schule männlich. Zum Geschlechterverhältnis im Bildungswesen.* Innsbruck; Wien: StudienVerlag.
22. Ludwig, P.H. (2003). *Partielle Geschlechtertrennung- enttäuschte Hoffnungen? Monoedukative Lernumgebungen zum Chancenausgleich im Unterricht auf dem Prüfstand.* In: Zeitschrift für Pädagogik, 49,5, 640-656.
23. Malz-Teske, R. & Kansteiner-Schänzlin, K. (2004). *Schulprofil: geschlechtergerechte Schule. Das Beispiel einer Hamburger Gesamtschule.* In: Pädagogische Führung, 2,81-85.
24. Ottweiler, O. (1990). *Koedukation – heimlicher Lehrplan zur Unterdrückung der Mädchen?.* In: Lehrer Journal. Hauptschulmagazin, 3,9-12.
25. Schönknecht, G. (1994). *Koedukation an unseren Schulen. Unhinterfragte Selbstverständlich- keit oder zu hinterfragende Praxis?* In: Pädagogische Welt, 48,1, 2-6.
26. Schwalb, A. (2000). *Mädchenbildung und Deutschunterricht. Die Lehrpläne und Aufsatzthemen der höheren Mädchenschulen Preußens im Kaiserreich und in der Weimarer Republik.* Frankfurt; Berlin; Bern; Wien [u.a.]: Lang.

27. Statistisches Bundesamt, 2003/ 2004. http://www.destatis.de/
28. Stürzer, M.; Roisch, H.; Hunze, A.; Cornelißen, Dr. W. (2004). *Geschlechterverhältnisse in der Schule*. Opladen: Leske & Budrich.
29. Tröger. W. (1987). *„Heimlicher Lehrplan" als Lebenshilfe?* In: Pädagogische Welt, 41, 2, 49.
30. Zinnecker, J. (Hrsg.) (1975). *Der heimliche Lehrplan. Untersuchungen zum Schulunterricht.* Weinheim; Basel: Beltz.